OBSERVATIONS

SUR

LES CAUSES DU SUICIDE

SES RAPPORTS

AVEC L'ALIÉNATION MENTALE

PAR

J.-B.-P. BRUN-SÉCHAUD

DOCTEUR—MÉDECIN

LIMOGES

IMPRIMERIE DE CHAPOULAUD FRÈRES

Rue Moulant - Maulgnr, 7

1862

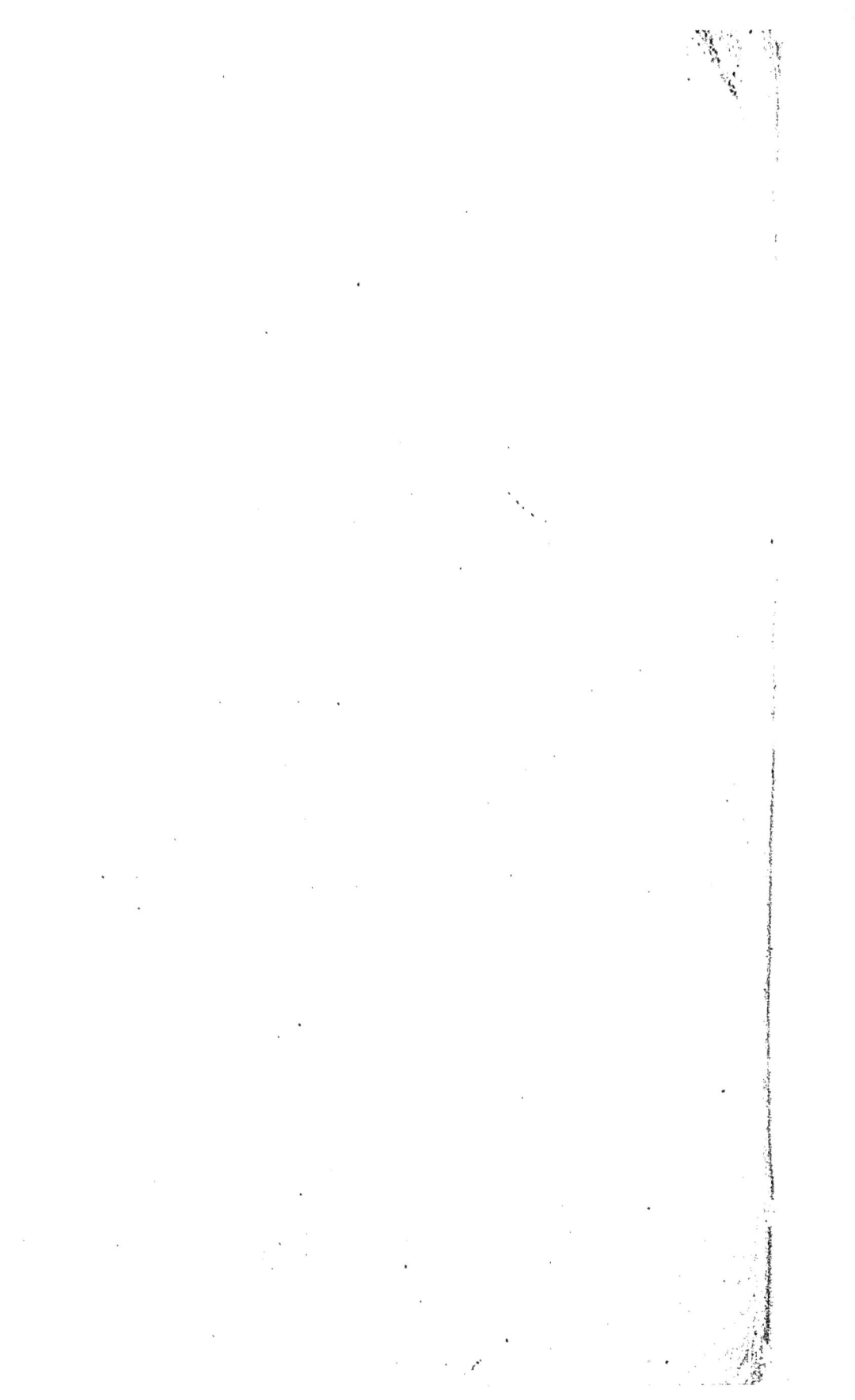

A

MON ILLUSTRE MAITRE ET AMI

MONSIEUR LE DR CRUVEILHIER

Ancien Président de l'Académie impériale de Médecine, Professeur à la
Faculté de Médecine de Paris

FONDATEUR ET VICE-PRÉSIDENT

DE L'ASSOCIATION GÉNÉRALE DES MÉDECINS DE FRANCE

Dr B. = Séchaud.

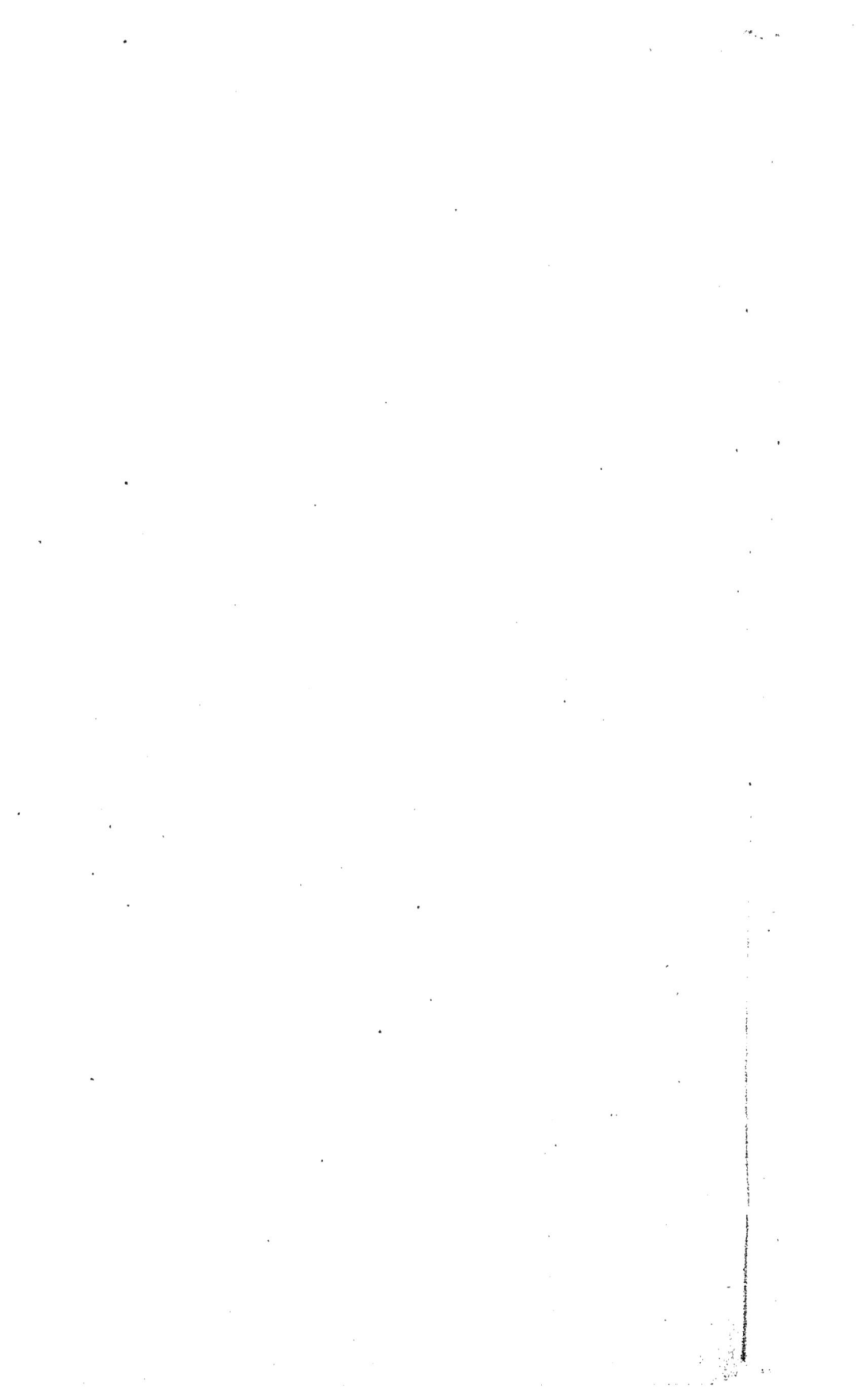

A

MON SAVANT AMI ET ANCIEN CONDISCIPLE

MONSIEUR LE BARON LARREY

MÉDECIN DE L'EMPEREUR

Vice-Président de l'Académie Impériale de Médecine,
Professeur au Val-de-Grâce, Membre de la Société de Chirurgie,
Chirurgien en chef de l'armée d'Italie
Membre du Conseil de Santé des armées

ET

FONDATEUR DE L'ASSOCIATION GÉNÉRALE DES MÉDECINS DE FRANCE

Dr B.-Séchaud.

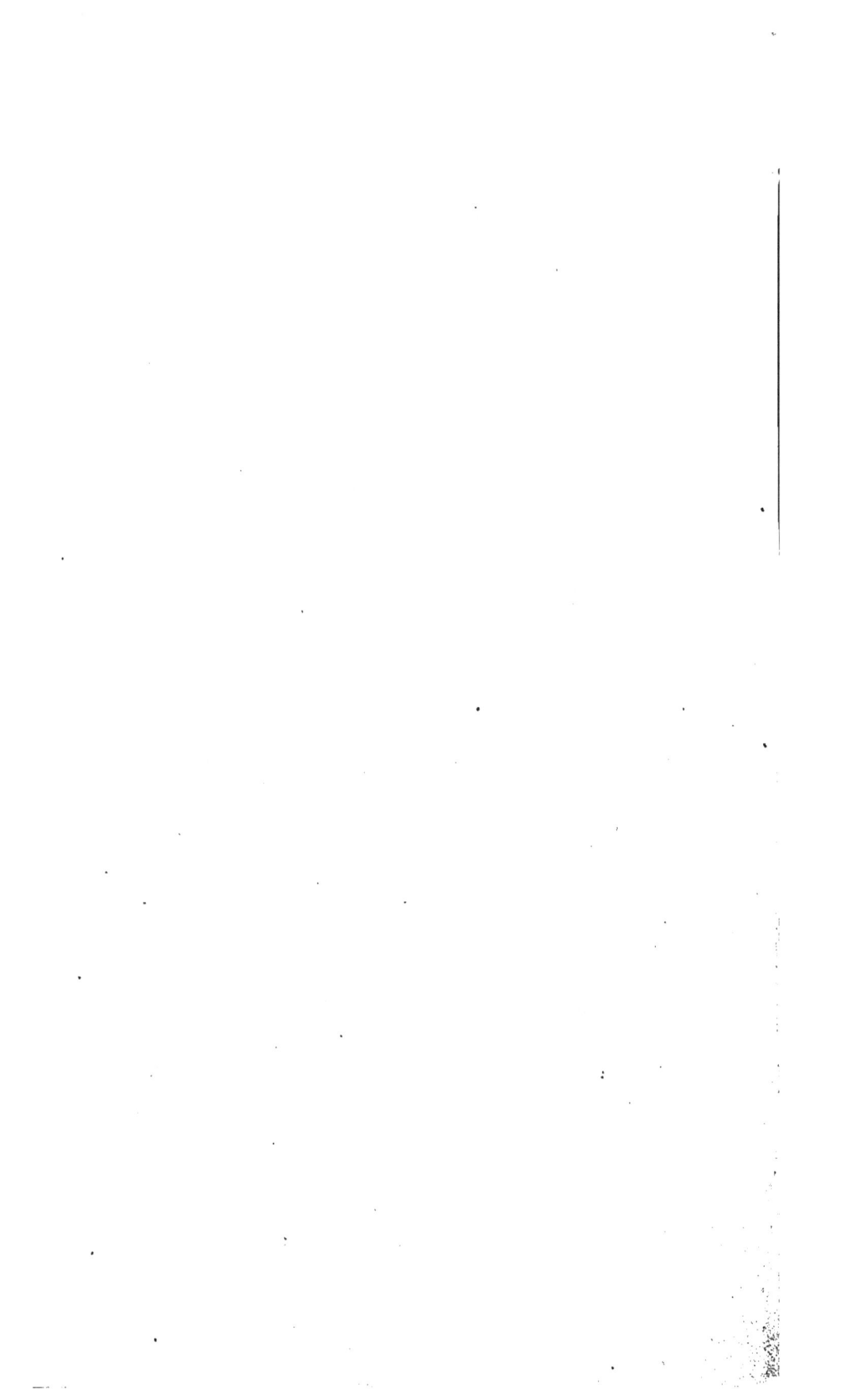

OBSERVATIONS

SUR

LES CAUSES DU SUICIDE

SES RAPPORTS AVEC L'ALIÉNATION MENTALE

MÉMOIRE

Lu à l'assemblée générale de l'Association médicale
de prévoyance de la Haute-Vienne
dans sa séance du 21 septembre 1862
présidée par M. le docteur Cruveilhier

MESSIEURS,

Le point capital du travail que je vais lire n'a
d'autre but que de faire disparaître, à notre
époque de progrès réels, les abus et l'éternelle
routine de préjugés essentiellement funestes au sein

de notre milieu social ; funestes surtout aux classes inférieures, qui offrent approximativement les neuf dixièmes de ces actes de désespoir, le plus souvent occasionés par l'infortune.

En montrant au grand jour tout ce que la faiblesse humaine a de plus mauvais dans les différentes phases de son existence, j'aurai rempli un devoir, et je désire soumettre à votre jugement des faits qui me paraissent dignes de toute votre sollicitude.

Dans ces quelques lignes, je n'ai eu d'autre intention (sans donner la solution d'un problème délicat) que celle de trouver un moyen qui puisse diminuer au moins le nombre des suicides en France ; car le remède se trouve toujours à côté du mal *si on veut l'employer*. Or, en veillant aux intérêts de tous, on pourrait parvenir à faire disparaître dans les familles de tristes sentiments de regrets, d'inquiétudes, de souffrances morales ; et, dans des cas donnés, vous reconnaîtrez, Messieurs, que c'est souvent la nature qui parle ; et, quand la nature parle, nous devons nous incliner !...

Après ce court exposé, en dehors peut-être des usages académiques, je vais bientôt passer aux faits que j'ai à vous signaler.

Les statistiques ne nous ont pas encore appris quels sont les lieux de la France où les suicides sont le plus fréquents; quelles en sont les causes les plus nombreuses, eu égard à la misère, au degré d'instruction, à la perversion morale, au trouble et à la fausseté des facultés intellectuelles : c'est, je crois, un travail à faire, soit sous le rapport du bien-être, de l'aisance, des relations sociales, etc., soit encore sous le rapport de l'état mental réellement morbide. Vous le voyez, Messieurs, ce sont d'immenses questions à résoudre, et mon petit contingent de faits n'est qu'un jalon posé pour l'avenir !

Dans le monde, on entend répéter : « Un tel s'est suicidé !... Pourquoi s'est-il suicidé? » Les uns disent : « Parce qu'il était fou » ; d'autres : « Parce qu'il avait fait de mauvaises affaires » ; d'autres : « Parce qu'il s'était dégoûté des hommes et des choses » ; d'autres : « Parce qu'il avait une conduite déréglée ; parce que ses dépenses journalières n'étaient pas en harmonie avec ses moyens d'existence » ; d'autres enfin : « Parce que l'amour avait joué le principal rôle dans cet acte de désespoir... (1) ».

(1) Je demanderai la permission de citer un passage de Ludovico Ariosto relatif à cette passion terrible de l'adolescence et de l'âge adulte, passion qui empoisonne momentanément une foule d'existences, lorsque l'homme, assez faible et manquant de force suffisante pour résister au

C'est déjà vous mettre sur la voie de tous les actes humains qui peuvent troubler l'existence ; et tous ceux qui veulent bien s'occuper de réformes sociales, et principalement de psychologie, doivent avoir les yeux toujours ouverts sur un sujet qui est digne d'intéresser tous les hommes de cœur qui ont vu de près les misères humaines.

Ces détails peuvent vous paraître étrangers aux sciences médicales : il n'en est rien, et, lorsque vous aurez réfléchi, vous reconnaîtrez sans peine que les membres du corps médical, doués plus que d'autres d'un heureux esprit de discernement, ainsi que le dit J.-J. Rousseau, sont *les plus aptes, les plus compétents* pour intervenir en pareille matière. Je pense donc qu'il nous est réservé, Messieurs, de prendre l'initiative sans sortir de nos attributions.

prestige enchanteur qui l'enivre, vient échouer en arrivant presque au port !!! Voici ce passage plein d'intérêt :

« Oh ! qu'elles sont cruelles ces peines, que l'Amour fait éprouver !!! Presque toutes, hélas ! m'ont accablé tour à tour, et je ne mérite que trop d'être cru lorsque j'en parle : tout ce que je peux dire et même écrire encore sur les peines 'es amants, soit que je vous peigne celles qui ne sont que légères, ou celles qui nous déchirent le cœur, mérite donc également votre confiance ; mais ces dernières, en portant le trouble dans l'âme, peuvent porter malheureusement l'homme à mettre fin à son existence. » (*Roland furieux*, chant XVI.)

PREMIÈRE PROPOSITION.

Quelles sont les causes les plus fréquentes du sui-cide ?

Dans ces derniers temps, on a cru devoir faire jouer le principal rôle aux phénomènes morbides pour ce qui a trait au suicide. Je dois déclarer, tout en respectant l'opinion, le zèle, les bonnes intentions qui animent certains écrivains de notre époque qui ont en vue le progrès scientifique, que je suis très-éloigné de partager leur manière de voir à ce sujet ; parce que je crois, sans prévention aucune, qu'ils se sont trompés en se renfermant dans un système exclusif, qui s'écarte selon moi de la vérité ; système qui ne fait qu'embrouiller le problème, encore à résoudre.

Voici la courte analyse des faits que j'ai constatés dans ma pratique, et qui méritent un peu d'attention de votre part :

PREMIÈRE OBSERVATION.

Pierre C....., journalier, âgé de trente-deux ans, robuste, parfaitement constitué, n'ayant d'autres ressources pour vivre que celle de son travail. — Sa femme est atteinte malheureusement d'une maladie grave qui la retient au lit depuis deux ans. Elle a un bel enfant, qu'elle ne peut soigner : son mari, obligé de laisser son travail pour s'occuper de cet enfant, le soigne avec toute l'affection d'un bon père. Cet homme, après avoir épuisé toutes ses ressources, se voit dans la nécessité d'avoir recours au voisinage, qui reste muet, indifférent. Livré au désespoir, il prend son enfant, le soir, à la nuit, le jette dans un réservoir, et, ce crime consommé, il s'y précipite à son tour (1).

DEUXIÈME OBSERVATION.

Un maréchal ferrant, âgé de cinquante-cinq ans, petit propriétaire, ayant quatre enfants, très-sobre, n'allant point au cabaret, se voit, après avoir lutté long-temps contre l'adversité, dans un grand état de gêne. Ne pouvant plus faire honneur à ses affaires, et voyant avec désespoir la malheureuse position de sa famille, il s'empoisonne en buvant coup sur coup deux litres d'eau-de-vie.

TROISIÈME OBSERVATION.

Un jeune homme de dix-neuf ans, d'une santé parfaite, ayant fait dans les colléges de Paris de très-bonnes études littéraires, ayant même remporté

(1) C'est sur les confins de la Dordogne que la scène tragique dont je viens de rendre compte s'est passée. Si un bureau de bienfaisance eût été établi dans la commune, il est présumable que ce malheur n'aurait pas eu lieu.

plusieurs prix, est obligé de retourner dans sa nombreuse famille. Son père, inquiet sur son avenir, ne sait à quelle profession le destiner. La carrière militaire est enfin acceptée par cet excellent jeune homme. Il entre, à dix-sept ans, dans un régiment de hussards. — Pendant plus d'un an, il se soumet au régime simple et modeste de l'état militaire, observant la discipline, mais s'indignant de se trouver parfois en relation forcée avec des hommes chez lesquels l'instruction et l'intelligence font souvent défaut.

Ce malheureux jeune homme demande une permission de vingt-quatre heures pour aller voir sa famille, qui se trouve à une distance peu éloignée de son régiment; mais il laisse passer le délai qui lui a été accordé : il se considère comme déserteur, et, dégoûté d'une position qui n'est pas en harmonie avec ses facultés, voyant d'un autre côté dans le lointain un triste et fâcheux avenir, il se tue, en se tirant un coup de pistolet dans la région du cœur!

QUATRIÈME OBSERVATION.

Un beau garçon de trente-six ans, d'une famille assez aisée, ayant mené, jusqu'à la mort de son père et de sa mère, un genre de vie complètement en dehors d'un travail quelconque, travail qui lui était cependant nécessaire pour satisfaire des goûts peu en rapport avec ses dépenses et sa position de fortune, se rend à Paris pour y chercher un emploi. — Soit dédain pour les emplois serviles, qu'il ne trouve pas dignes de lui, soit paresse, abrutissement, etc., n'ayant aucune occupation sérieuse, il finit de dépenser le peu qui lui reste de son patrimoine. Puis, se voyant sans ressources, craignant une humiliation, il se dégoûte de la vie, et, sans avoir donné aucun signe de dérangement dans les facultés intellectuelles, il se tire à la tête un coup de pistolet, qui ne lui fait qu'une légère blessure au front. Après cette première tentative de suicide, il témoigne à un de ses amis un profond repentir; mais, sa position devenant de plus en plus mauvaise, il se pend dans sa chambre!

Dans cette observation je ne pense pas que la monomanie du suicide ait joué le principal rôle.

CINQUIÈME OBSERVATION.

Une jeune fille, servante dans la maison d'un petit propriétaire, où elle a de très-faibles gages, trouve l'occasion de se marier : elle voit la perspective d'un meilleur sort, et n'hésite pas à faire auprès du maire de sa commune toutes les démarches nécessaires à son changement de position. Ces démarches lui occasionnent une perte de temps et des voyages inutiles ; et, les pièces dont elle a besoin pour rédiger son acte de mariage n'arrivant pas du chef-lieu d'arrondissement, on finit par lui dire que, pour se marier, *il lui faut de l'argent!...* Cette pauvre malheureuse, se voyant en quelque sorte repoussée, s'en retourne chez elle, et, en passant sur la chaussée d'un étang, elle s'y précipite! — Dira-t-on qu'elle était atteinte d'aliénation mentale?

SIXIÈME OBSERVATION.

Un receveur des contributions indirectes, gêné dans ses affaires, atteint depuis dix-huit ou vingt ans de douleurs rhumatismales atroces se reproduisant tous les deux ou trois ans, douleurs dont la durée est de deux mois au moins, présente en outre, malgré sa forte constitution, tous les symptômes d'une affection syphilitique constitutionnelle. Le rhumatisme a produit à la main gauche une soudure de plusieurs phalanges avec déformation tortueuse de ces phalanges. Désespéré de voir que les moyens médicaux sont impuissants, et qu'il se trouve toujours sous la même influence morbide, il se résout à se tirer un coup de pistolet.

SEPTIÈME OBSERVATION.

Un boucher, propriétaire assez aisé, se trouve dans une auberge. Il s'enivre avec ses compagnons, et, sous l'influence de l'ivresse, il porte plusieurs coups d'un gros couteau fermé à un malheureux, qui, sans pouvoir fuir, devient la victime de tous ces gens ivres, qui se ruent sur lui et le terrassent.

Ce boucher, de retour à son domicile, averti par des amis imprudents *que la justice va le poursuivre !...* reconnaît alors toute la gravité de l'acte de brutalité dont lui seul était la cause, et se tire un coup de pistolet sous le menton. Les désordres qui en résultent sont épouvantables : une mare de sang, la matière cérébrale dispersée sur le sol, les os du crâne

jetés au loin par fragments, ont laissé dans mon
esprit une douloureuse impression! — Peut-on croire
que cet homme était atteint d'aliénation mentale?

HUITIÈME OBSERVATION.

Le garçon d'un hôtel où je me trouvais, il y a
dix ans, à Paris, était vivement épris d'une servante,
qui se sentait fière de résister aux séductions de tous
genres..... Ce jeune homme, âgé de vingt-deux ans,
lui avait offert plusieurs fois de l'épouser. — Elle
s'était, en le raillant, refusée d'accéder à ses vœux.
Il lui déclara sérieusement qu'il se tuerait... — Elle
lui répondit, toujours avec le sourire sur les lèvres :
« Vous êtes trop lâche! » Ce malheureux s'enferma
dans sa chambre au moment du dîner, et ce ne fut
que quand on ne le vit pas paraître pour servir à
table comme d'habitude qu'on monta dans sa petite
chambre, qui se trouvait dans un grenier. La porte
était soigneusement fermée, et, lorsqu'on fit sauter
la serrure, on vit ce triste réduit envahi par une
épaisse vapeur de charbon. On se hâta d'ouvrir la
fenêtre, puis on transporta ce malheureux jeune
homme dans une chambre voisine. Là il reprit con-
naissance au bout de demi-heure, et seulement
lorsque j'eus employé tous les moyens qui me furent
suggérés pour combattre un état d'asphyxie causé par
les vapeurs délétères du charbon, et qui avait pour
point de départ une passion dont la violence était
extrême (1).

(1) Dans ce cas il n'y avait pas un état de folie réelle : il y
avait seulement une passion exagérée.

NEUVIÈME OBSERVATION.

Une servante de dix-sept à dix-huit ans, d'une belle constitution physique, déclara plusieurs fois aux maîtres de la maison où elle était qu'elle n'avait jamais bu de vin, et, chaque fois qu'on lui en offrait, elle le refusait avec obstination. Un jour, le maître de la maison, voulant s'assurer s'il n'était pas trompé par des assertions dont il avait à douter, finit par découvrir que sa servante buvait chaque fois qu'elle allait à la cave. Des reproches fâcheux et blessants faits à cette malheureuse devant le nombreux personnel de la maison troublèrent sa faible intelligence, simple et naïve, et, quelques minutes après, on apprit qu'elle s'était noyée dans un réservoir qui avait à peine un mètre de profondeur.

Encore une fois, cet acte de désespoir peut-il être attribué à une aliénation mentale? — Assurément non.

DIXIÈME OBSERVATION.

Un homme de quarante-six ans se trouve à chaque instant en discussion avec les voisins de son village, qui le raillent et l'injurient sans ménagement aucun. Il leur dit un jour : « Puisque vous me faites comme ça, je monterai jusqu'à la cime d'un grand arbre, et je me laisserai tomber afin de me tuer ! » Il n'eut pas plutôt proféré ces paroles qu'il choisit le chêne le plus élevé, et, malgré toutes les supplications qui lui furent faites de la part des voisins, qui l'avaient suivi pour

l'empêcher de mettre à exécution ce projet, il continua à grimper sur l'arbre. Quand il fut arrivé au sommet (quarante pieds de hauteur), il les injuria tous avec véhémence, et, après sa harangue, leur donna le spectacle d'une chute où il devait trouver la mort, ou au moins se fracasser quelques membres. — Il n'en fut rien : il en fut quitte pour quelques contusions qui le retinrent au lit pendant trois mois.

Pendant que je lui donnais mes soins, je ne pus découvrir le moindre symptôme d'aberration intellectuelle ni dans ses réponses, ni dans ses gestes, ni dans le jeu de sa physionomie, etc. Était-ce dans un accès de folie intermittente que la tentative de suicide avait eu lieu? Je reste dans le doute sur ce seul fait. Cependant je dois déclarer que, ayant pris depuis peu des informations sur cet individu, j'ai su qu'il est resté parfaitement tranquille du moment que ses voisins ne lui ont plus fait la guerre (1).

DEUXIÈME PROPOSITION.

Doit-on attribuer dans la majorité des cas le suicide à un dérangement des facultés intellectuelles, c'est-à-dire à une confusion manifeste dans les idées?

Si vous parcourez les salles des maisons où sont enfermés les aliénés, vous apprenez que dans ces

---

(1) Un de ces voisins, paysan comme lui, mais le *seigneur* du village, l'avait menacé de six mois de prison !...

divers établissements le suicide est très-rare, tout
en tenant compte de la surveillance active des
gardiens. C'est, selon moi, une erreur grave de
jeter sur le compte de l'aliénation mentale cet acte
de désespoir qui porte l'homme à mettre un terme
à ses souffrances physiques, morales ou affectives,
c'est-à-dire à déserter follement la vie. Mais
je ne prétends pas toutefois considérer comme
étranger au suicide cet état alarmant, qui appar-
tient au domaine de la psychologie morbide : je
prétends seulement, et je l'ai déjà fait apercevoir
dans ma première proposition, que la folie, quelle
que soit sa forme, est l'exception dans tous les
actes humains qui entraînent l'homme à une des-
truction que Dieu n'a pas ordonnée, mais dont les
causes tiennent le plus souvent à l'imprévoyance,
au dédain, à l'oubli des devoirs, et quelquefois à
un orgueil déplacé ; car, si la fortune est contraire
à un homme, et que ses espérances soient déçues,
mais que sa volonté soit néanmoins assez forte
pour l'élever au-dessus de l'adversité, sans aucun
doute, il trouvera tôt ou tard une compensation à ses
malheurs présents : *Aide toi, le Ciel t'aidera!* C'est
donc une étrangeté palpable et condamnable que
dans nos temps modernes l'égoïsme grossier se
présente encore comme un monstre, une barrière
infranchissable, lorsque le plus petit nombre des

hommes se dévoue pour tâcher de remédier aux maux de la faible humanité.

Pour revenir au suicide dans ses rapports avec l'aliénation mentale, vous n'ignorez pas, Messieurs, que certains auteurs de nos temps modernes se trouvent en désaccord. M. Barierre de Boismont n'en n'a jamais constaté, et M. Morel, dans son *Traité des maladies mentales*, n'en rapporte que deux exemples. Mais Delasiauve, contrairement à ces deux médecins aliénistes distingués, a soutenu le contraire : *Hippocrates ait, Galenus negat* (1).

Mais enfin la vérité doit se trouver de quelque côté, et ce que j'ai cherché à démontrer par des observations particulières me paraît du plus grand intérêt pour la science et l'humanité, mises en cause ; mais il me semble juste que les spécialistes étudient de nouveau le plus complexe problème qui se trouve dévolu à la médecine mentale.

---

(1) Les troubles de l'esprit, la fausseté des conceptions, etc., chez les aliénés épileptiques comme dans les autres formes d'aliénation mentale, ne sont en réalité que des accidents graves, dont on ne doit pas toujours se préoccuper par rapport à cette cause.

TROISIÈME PROPOSITION.

*La société actuelle doit-elle rester, comme par le passé,
indifférente et paisible spectatrice de malheurs qui
sont toujours à déplorer ?*

La fin de la seconde proposition vous a déjà mis
sur la voie des réformes qui sont à faire dans un
but réel d'humanité. Cette question sublime de
l'homme souffrant doit l'emporter sur toutes les
autres qui peuvent être mises à l'ordre du jour. En
effet l'homme plongé dans le malheur ne tient plus
à la vie, ou n'y tient que très-peu ; et, si j'ose
vous dire comme La Fontaine :

> Eh ! mon ami, tire moi de danger !
> Tu feras après ta harangue,

permettez-moi d'émettre ce sentiment que la
société a été souvent injuste à son égard. Il est
évident pour moi qu'il y a quelque chose à faire
dans le but d'éviter des catastrophes dont les gens
riches sont exempts en général, comme ils le sont
de la pellague, qui est le triste apanage d'individus
qui se nourrissent mal, et qui se trouvent rélégués
dans les classes infimes de la société. C'est vous
faire pressentir, Messieurs, soit dit en passant,

qu'*il y a quelque chose à faire en faveur des classes souffrantes!*

Pour ne pas abuser de vos moments, je n'irai pas plus loin, et vous me pardonnerez, j'espère, ce court aperçu, que je considère comme étant étranger au genre de vos travaux habituels, mais qui pourra, si je ne me trompe, servir d'enseignement aux amis de l'humanité.

En résumé, les conclusions de ce travail, sans doute très-incomplet, sont celles-ci :

1° La misère dans la généralité des cas est la cause principale du suicide.

2° Des espérances déçues ou l'orgueil trompé portent souvent les hommes à cet acte de désespoir, sans qu'il y ait perversion manifeste des facultés intellectuelles.

3° Les souffrances physiques, morales ou affectives, portent dans l'âme ce trouble destructeur que la froide raison condamne toujours, et dont les suites funestes sont contraires à la dignité de l'homme, et par conséquent aux vues du Créateur.

4° Dans tous les cas de suicide, l'aliénation mentale n'est que l'exception dans un acte réprouvé et contre nature : or si, en théorie, on se plaît à reconnaître que, dans une infinité de cas, il y a dérangement de cerveau (ce que je n'admets pas), il faudrait reconnaître également que les causes essentielles dont j'ai parlé ne sont que de vains mots inventés à plaisir dans le but de faire triompher une opinion plus ou moins bonne, plus ou moins logique ; ce qui est loin de ma pensée.

5° Dans le but de prévenir ces malheurs, nous devons faire nos efforts pour en diminuer le nombre, et ne plus rester indifférents et paisibles spectateurs devant des hommes qui ont une tendance marquée à se détruire, parce qu'il y a insuffisance dans leurs moyens d'existence. C'est là une question de progrès humanitaire que je soumets à votre examen, et que je voudrais voir se réaliser pour le bonheur de tous.